AF253579

ÉLOGE FUNÈBRE

DE

M. M. OURIOU

Curé de Saint-Aubin des Ponts-de-Cé,

CHANOINE HONORAIRE D'ANGERS, D'ÉVREUX, DE BORDEAUX
ET DE SAINT-DENYS (Ile de la Réunion)

PRONONCÉ DANS L'ÉGLISE DE SAINT-AUBIN

LE JEUDI 2 MAI 1878

PAR

M. l'abbé SUBILEAU

CHANOINE HONORAIRE, SUPÉRIEUR DU PETIT-SÉMINAIRE MONGAZON
ET DE LA CONGRÉGATION DE LA RETRAITE.

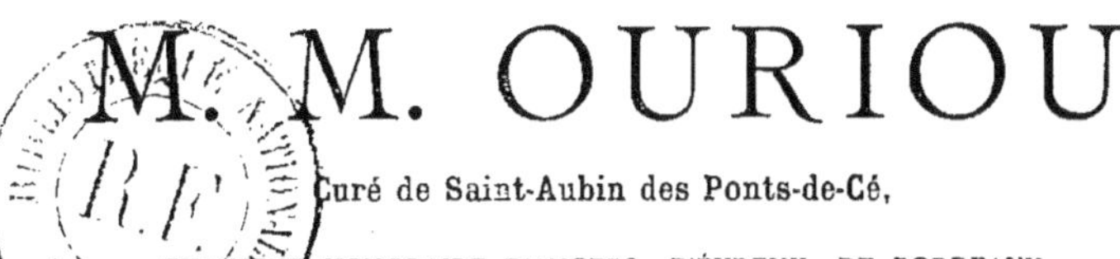

ANGERS

GERMAIN ET G. GRASSIN, LIB.-ÉDIT., RUE SAINT-LAUD, 83

SUCCESSEURS DE E. BARASSÉ

imprimeurs de Monseigneur l'Évêque et du Clergé.

1878

Mementote præpositorum vestrorum qui vobis locuti sunt verbum Dei, quorum intuentes exitum conversationis imitamini fidem.

Souvenez-vous de vos pasteurs qui vous ont annoncé la parole de Dieu ; considérez leur vie et leur mort afin d'imiter leur foi.

(S. P. aux Hébreux, XIII. — 7.)

MES FRÈRES,

Cette recommandation de l'Apôtre est-elle bien ici à sa place et ne doit-on pas la trouver superflue? Il y a quelques jours, toute cette paroisse en deuil se pressait autour de la dépouille mortelle de son Pasteur, versant des larmes et des prières ; aujourd'hui c'est la même affluence avec les mêmes sentiments. Sûr indice, Mes Frères, que votre digne curé se survit dans vos âmes et que la mémoire de celui qui fut votre guide pendant de si longues années ne s'effacera pas *comme celle d'un hôte qui n'a passé qu'un jour sous votre toît, tanquam memoria hospitis unius diei prætereuntis* (1).

Cependant il me semble toujours que je ne pouvais choisir dans nos Livres saints des paroles qui convinssent mieux à cette cérémonie. — Avec la grâce de Dieu, elles serviront peut-être à graver plus avant dans vos cœurs, à

____

(1) Sap. v-15.

fortifier le souvenir de votre Pasteur. — Or, rien ne serait plus heureux. — Pourquoi ? Est-ce parce que vous souvenant mieux et plus longtemps, vous prieriez avec plus de ferveur et de persévérance pour celui qui a tant prié pour vous ? — Oui, sans doute. — Est-ce parce que le souvenir est une forme de la reconnaissance et que la reconnaissance, cette vertu des belles âmes, est ici une dette sacrée ? Oui encore. — Mais il y a, en plus, la grande raison qui portait saint Paul à donner cet avis aux premiers fidèles : c'est que le souvenir d'un bon Pasteur est éminemment fécond et salutaire. Il ne se lève jamais seul dans une âme ; mille autres souvenirs bienfaisants surgissent du même coup et lui font cortége : le baptême, la première communion, tant de sages conseils et de bons exemples. On peut le comparer à une source bénie d'où jaillissent des eaux vivifiantes, ou encore, avec l'Esprit-Saint, *à une composition de parfums* (1) qui embaument le cœur, le préservent et le fortifient. Souvenez-vous donc souvent et longtemps de votre vieux Pasteur. *Mementote*. Ainsi il aura contribué, Mes Frères, au bien de vos chères âmes, pendant sa vie et après sa mort. Tout cendre qu'il est, son cœur, n'en doutez pas, brûle encore de ce désir.

Tel est le but que je me propose dans cet Éloge funèbre consacré à la mémoire de M. Michel OURIOU, curé de cette paroisse pendant trente-cinq ans, chanoine honoraire d'Angers, d'Evreux, de Bordeaux et de Saint-Denys (Ile-de-la-Réunion.)

---

(1) Eccli. XLIX-1.

I.

C'est, Mes Frères, un grand bonheur que de naître dans une paroisse où règne l'esprit de foi : l'âme y respire, dès son entrée en ce monde, un air pur et vivifiant qui lui fait comme un tempérament chrétien. Plus grand encore, et pour la même raison, le bonheur d'appartenir à des parents religieux ; quand *la racine est sainte*, d'ordinaire *les rameaux le sont aussi : si radix sancta et rami* (1). Cette double bénédiction descendit sur le berceau de M. Ouriou (2). — L'une des marques auxquelles on reconnaît une paroisse chrétienne, c'est l'éclosion des vocations sacerdotales : *Chavagnes-les-Eaux* en a produit un bon nombre, et, en ce moment, vos souvenirs, Mes Frères, ainsi que mon amitié respectueuse, nomment Mᵍʳ l'Evêque d'Evreux. Pourquoi faut-il que les devoirs de sa charge l'enchaînent au loin ; que n'est-il ici, à ma place, pour décerner à votre digne Curé un éloge qui, sur ses lèvres, serait d'un tout autre prix ! — Je ne puis louer à mon aise la famille de M. Ouriou. Vous n'ignorez pas, du reste, que la foi des vieux parents revit dans leurs enfants, et je ne vous apprendrais rien si je disais que le frère de votre ancien Curé

---

(1) Rom., xi-16.
(2) Né à Chavagnes-les-Eaux, le 28 mars 1805.

comprend en vrai chrétien l'autorité dont l'a revêtu la confiance de sa commune, en la faisant tourner au profit de la religion, qui est, après tout, même au point de vue purement humain, le premier intérêt des populations.

Le jeune Ouriou trouvait l'aisance au foyer domestique : il eût pu se faire un sort heureux selon le monde. Mais, Dieu l'appela à cette carrière du sacerdoce qui demande, pour être parcourue avec honneur, tant d'abnégation et de dévouement. Ni il n'hésita, ni il ne trouva d'obstacle du côté de ses parents. — Placé au collége de Combrée, il y porta et y développa des qualités qui lui conquirent l'estime et l'affection. L'homme fait est contenu dans l'enfant, dans l'adolescent, sauf les modifications qui sont le fruit de l'éducation, lesquelles, d'ailleurs, laissent toujours subsister le même fond de nature. Volontiers donc je souscris à ce portrait qu'on a tracé du jeune étudiant : esprit sérieux, actif, très-avide de connaître, il obtint des succès dans ses études et y prit ce goût des lettres qu'il manifesta jusqu'à la fin ; bon cœur ; caractère enjoué, mélangé d'une certaine timidité qui n'excluait pas mais tempérait, de concert avec la charité, les saillies vives et originales, il se fit, dès lors, beaucoup d'amis ; enfin, d'une piété solide, il comptait au nombre des plus exemplaires.

Cinq ans plus tard, il entrait au Grand-Séminaire. En s'y formant aux sciences et à la vie ecclésiastiques, il apprit à vénérer et à aimer, comme nous le faisons tous, ces Prêtres de *Saint-Sulpice*, chez qui la modestie égale le mérite. Plus heureux que d'autres, il a eu depuis, grâce surtout à un ami puissant (1), la bonne fortune de leur témoigner ses sentiments par de nombreux services et ils les lui paient par une reconnaissance dont vous avez sous les yeux une nouvelle preuve (2).

M. Ouriou est parvenu au terme de son noviciat ecclésiastique. Voici que s'ouvre devant lui la carrière que son zèle et les nécessités du temps vont rendre si laborieuse.

Nous sommes en 1830. — Laissez-moi, Mes Frères, saluer ici, dans la personne de M. Ouriou, tous les vénérables prêtres qui ont alors si bien mérité de l'Eglise d'Angers. On sait à quel point, pendant la première Révolution, la déportation et l'échafaud avaient éclairci les rangs de l'ancien clergé. Il est vrai, Dieu qui veille avec tant de sollicitude sur les âmes rachetées par la mort de son Fils, avait fait deux choses qui témoignent de sa grande miséricorde : il s'était plu à sauver des décombres sanglants des prêtres modèles destinés à transmettre les plus pures traditions sacerdotales; puis il avait suscité des hommes d'élite pour recruter la Tribu sainte. Mgr Montault, M. Mongazon, plus tard M. Drouet, pour ne parler que des plus éminents, accomplirent des prodiges. Mais de tels vides ne se comblent pas en un jour, et la milice sacrée, en 1830, ne pouvait suffire à tous les postes déserts. Notons aussi que les Ordres religieux, ces puissants auxiliaires,

---

(1) M. Hamille, député du Pas-de-Calais, ancien directeur de l'Administration des Cultes.

(2) M. Houbart, Supérieur du Grand-Séminaire, et M. Ruchaud, économe, assistaient au service, ainsi que M. Bretaudeau, prêtre du diocèse, attaché au Séminaire comme professeur auxiliaire.

n'avaient pas encore reparu en Anjou. — Il fallut alors suppléer au nombre par le zèle, s'oublier soi-même, et, si je l'ose dire, se jeter tête baissée dans les travaux. Salut, vaillante légion! Vous vous êtes élevée à la hauteur de votre tâche! Et pour nous, venus plus tard, c'est une joie profonde d'applaudir à votre dévouement, comme c'est un devoir d'y puiser des leçons!

Dans cette disette d'ouvriers évangéliques, on n'attendait pas pour réclamer leur ministère que les élèves du sanctuaire eussent reçu l'onction sacerdotale. M. Ouriou, encore simple diacre, fut envoyé au secours d'un vieux prêtre, à *Brain-sur-l'Authion*. Deux ans plus tard, c'est-à-dire peu de temps après son élévation à la prêtrise, Mgr Montault l'appelait comme vicaire à la cathédrale. Hommage rendu à ses qualités, mais compensé par un rude surcroît de fatigues. Le vénérable curé de Saint-Maurice, M. Breton, un de ces prêtres échappés à l'exil, fléchissait sous le poids des ans et des mérites. Pour comble, le choléra vint s'abattre sur Angers. M. Ouriou a dit plus d'une fois combien alors le ministère fut écrasant pour lui et pour son collègue, M. Brémon, ce même M. Brémon qui tombait, il y a quelques mois, à *Chemillé*, au poste d'honneur; mort qui parut un avertissement à M. Ouriou et lui fit dire : *Maintenant c'est mon tour !*

Brisé par la fatigue, M. Ouriou fut nommé à une cure voisine, celle de *Mûrs* où il remplaça Mgr Perché, Archevêque de la Nouvelle-Orléans. Au bout de sept ans, son zèle et ses succès le firent juger digne d'en diriger une autre des plus importantes par sa position aux portes d'Angers, par le nombre des paroisses qui relèvent d'elle et par son esprit religieux : j'ai nommé *Saint-Aubin des Ponts-de-Cé*. (1).

M. Ouriou était alors dans toute la force de l'âge et du talent, et à cette époque de la vie où l'on sent le besoin de s'attacher pour toujours à une paroisse. Il me semble qu'en descendant des hauteurs de Mùrs vers votre belle vallée, ou plutôt vers vos chères âmes, votre nouveau pasteur dut se dire à lui-même : Voilà désormais mon partage ; voilà le champ où se dépensera jusqu'au bout mon activité. *C'est là que je mourrai, in câ moriar, là que sera mon tombeau, ibique locum accipiam sepulturæ* (2). O Dieu, puisse mon ministère, arrosé de mes sueurs et des eaux de votre grâce, ressembler au beau fleuve qui féconde ses riches campagnes !

Il se met à l'œuvre avec une ardeur qui ne s'éteindra qu'au souffle de la mort. — Un premier moyen de sanctification pour les âmes consiste dans la prédication. C'est elle qui a converti le monde ; c'est elle aussi qui le maintient dans la foi. Quand un peuple courbé sur la terre se redresse vers le ciel, quand il s'arrache à l'indifférence et au désordre, soyez sûrs que dans cette œuvre de résurrection la parole sainte a une large part. Aussi rien n'est plus recommandé aux pasteurs que le *ministère de la parole* (3). — Retenez-le, Mes Frères, car si c'est un devoir

---

(1) Le 9 novembre 1842. M. Ouriou succédait à M. Ferrand, appelé à la cure de Beaufort. Cette nomination fut une des premières faites par Msr Angebault. M. Ferrand succédait lui-même à M. Joubert, devenu vicaire général.

(2) Ruth i, 17.

(3) II Tim. iv, 2. — Concile de Trente. Sessions 5e et 24e.

pour le prêtre de vous annoncer l'Evangile, manifestement c'est pour les fidèles un devoir de l'entendre. — Pénétré de cette vérité, votre digne curé se livrait avec un grand zèle à la prédication ; il y mettait tous ses soins et tous ses talents. Aussi à quel point vous le goûtiez ! Nul autre ne vous paraissait préférable, et maintes fois la foule des auditeurs dut refluer jusque sur la place de votre église. C'est qu'il allait droit au fond de vos besoins et de vos intérêts ; c'est que son cœur échauffait ses lèvres et que vous le sentiez palpiter dans ses discours simples et familiers ; c'est, en un mot, que sa parole était une parole vivante, c'est-à-dire, cette éloquence vraie, meilleure cent fois que celle qui, avec des formes plus élégantes, n'est qu'un artifice sans âme et sans chaleur.

Mais le ministère de la prédication, si fructueux soit-il, est loin de suffire si l'on n'y joint le *ministère de la réconciliation*. C'est au Saint Tribunal, et là seulement, que la parole complète son œuvre pour chaque fidèle ; là que les âmes sont purifiées de la lèpre du péché, affranchies des chaînes du démon, guéries, consolées, relevées. — Nul ne dira jamais le bien que fait un confesseur qui, pendant de longues années, exerce ses fonctions avec sagesse et dévouement. Tel fut votre Curé, Mes Frères. Dévoué, il était prêt à toute heure, à ce point que l'on jugeait sa complaisance excessive et que l'on souriait de son empressement. Sage, sa direction était appréciée bien au-delà des limites de sa paroisse, et l'on venait de loin pour en recueillir les bienfaits.

Ces deux ministères, surtout celui de la confession, ne

s'exercent point sans de grandes fatigues ; ils minent avant le temps les constitutions les plus robustes. Toutefois votre digne curé ne se bornait pas à les remplir dans son église. — Ici, au nom de la *Congrégation de la Retraite*, j'ai à payer au vénérable défunt un tribu de vive gratitude. Dans cette Maison voisine, il se fait, à côté de l'éducation, une œuvre excellente entre toutes : celle des *retraites*. — Si l'on veut se donner sincèrement à Dieu, purifier son âme et la retremper, il existe un moyen, *le seul peut-être*, selon la remarque d'un saint évêque d'Angers, Mgr Montault, *le seul peut-être qu'on n'employa jamais en vain*. (1). Il consiste à s'arracher pour quelques jours au milieu où l'on vit, à ses occupations et à ses préoccupations habituelles ; il consiste en un mot *à faire une retraite*. — M. Ouriou, pendant quarante-deux ans, a donné son concours à une telle œuvre. Il y eut une époque où il joignait au travail de la confession celui de la prédication, et cette époque est précisément celle où les retraites se firent avec le plus d'élan et de fruit. O prêtre zélé, sur le seuil de l'éternité, ce surcroît de mérites aura pesé d'un grand poids dans la balance divine ; en même temps, sur la terre, il vous a gagné une large place dans la vénération et dans les prières de ferventes Religieuses ! — Il me semble qu'en ce moment vous me demandez (et combien je suis heureux de me rendre à cette invitation) de vous associer dans une même louange le vieil ami qui partagea les mêmes travaux, et qui ne peut se consoler de vous avoir perdu ! (2).

---

(1) Lettre past. publiée à l'époque où la Cong. de la Retraite fut établie à Angers.

(2) M. Vincent, curé de Saint-Barthélemy.

Quand il a prêché et confessé, le prêtre placé à la tête d'une paroisse a-t-il rempli toute sa tâche? Il s'en faut, Mes Frères. Combien d'autres obligations sont écrites pour ainsi dire dans les noms qu'il porte! *Curé*, il doit être l'homme des soins et des sollicitudes; *Pasteur*, veiller aux besoins infinis de tout son troupeau; *Père* chargé d'une si nombreuse famille, s'intéresser de cœur à tous ses enfants. Il y a ici dans le travail du prêtre deux parties; l'une qui paraît aux regards de tous; l'autre, en général la plus considérable, qui s'accomplit dans le secret et dont les effets tout aussi réels échappent aux yeux moins attentifs.

Qu'un voyageur traverse vos opulentes vallées, au cœur de l'été, lorsqu'elles sont couvertes comme d'une riche parure de leurs splendides moissons, il n'a pas besoin de vous avoir vus à l'œuvre pour savoir que le sol a été préparé par vos mains habiles et laborieuses. De même, quand la foi et les pratiques religieuses se conservent dans une paroisse, malgré le malheur des temps; quand les scandales y sont rares; quand la paix règne dans les familles et que l'accord si désirable entre l'autorité religieuse et l'autorité civile subsiste toujours; quand le prêtre est entouré d'estime et de respect, vous pouvez, à coup sûr, Mes Frères, porter ce jugement: il y a là un Pasteur qui veille, qui gouverne avec prudence et saisit toutes les occasions de faire le bien. Or, n'est-ce pas le spectacle que Saint-Aubin n'a cessé de présenter depuis trente-cinq ans? Bel éloge, Mes Frères, de votre regretté Pasteur, et aussi, il faut le dire, de votre bon esprit.

Quant aux œuvres extérieures, vous vous rappelez ses

efforts et sa générosité pour les écoles, son zèle pour les réunions d'hommes pendant le Carême et pour la Congrégation dont le but est de mettre la plus belle des vertus sous l'égide de la piété et sous la protection de la Vierge immaculée. — Sans parler de la restauration inachevée de cette église, ni de votre beau presbytère, vous n'ignorez pas la part qui lui revient dans la fondation de votre hôpital et vous mêlez dans la même reconnaissance le premier magistrat de la commune, ses conseillers et votre Pasteur (1).

En dehors des œuvres propres à sa paroisse, il en est d'autres auxquelles un prêtre zélé et intelligent donne sans réserve, avec ses sympathies, le concours effectif que lui permettent ses ressources. Bienfaiteur du Grand-Séminaire, M. Ouriou est également inscrit au premier rang parmi ceux de l'Université catholique, cette institution dont l'importance est si capitale que le premier Pasteur ne recule, pour la fonder et la rendre prospère, devant aucun sacrifice personnel.

J'arrive enfin, trop tard au gré de mes désirs et des vôtres, à toute une série de précieux services rendus au diocèse. Sans doute l'honneur principal en revient à l'homme distingué qui s'est montré et se montre encore aujourd'hui le modèle des amis ; mais votre curé a eu le mérite d'attacher à l'Anjou, ainsi que sa digne compagne, ce noble cœur

---

(1) Le presbytère a été construit en 1855 et 1856. On le doit surtout à M. Hamille, de même que les services auxquels il est fait allusion plus bas. Le maire était alors M. Boutton-Lévêque. — L'hôpital a été fondé à la suite de la guerre de 1870. Le maire était M. Thuau.

qui estime surtout les hautes fonctions parce qu'elles mettent à même d'obliger. — Si, un jour, — ce qui n'aura pas lieu — la reconnaissance s'éteignait dans les âmes, *les pierres* de tant d'édifices religieux prendraient une voix et *crieraient* leur commun éloge.

II.

Je ne vous ai montré jusqu'ici de votre ancien Curé que sa vie extérieure; je voudrais en quelques mots, vous révéler sa vie intime, c'est-à-dire les sentiments qui inspiraient sa conduite et étaient le mobile de ses travaux. C'est par là, Mes Frères, qu'un homme doit être jugé, car un homme ne vaut que par son âme et surtout par son cœur. — Eût-on fait des prodiges, on ne mérite ni l'estime de ses semblables ni les récompenses de Dieu, si l'on n'a obéi qu'à des motifs de vulgaire égoïsme.

Je remarque dans la physionomie intime de votre Pasteur deux traits particuliers.

Le premier c'est la *foi*, cette vertu qui apprécie toutes choses selon les lumières de l'Evangile où nous lisons à chaque page que le premier devoir de l'homme, comme son intérêt suprême, est de servir Dieu; que l'âme réclame nos meilleurs soins; que la vie doit être la préparation de l'Eternité. Or, comme cette foi perce dans la conduite de votre curé et la marque de son empreinte! Pourquoi préfère-t-il à une existence aisée et douce dans le monde, les labeurs du sacerdoce et j'ajoute son impopularité, car vous savez quel était, vers 1830, le déchaînement des passions irréligieuses? Pourquoi ces travaux qu'il étend bien au-delà des limites du devoir, ce zèle à prêcher l'Evangile, à subir de longues heures de réclusion au saint Tribunal? Pourquoi dans ces dernières années traîne-t-il à l'église ses membres endoloris par une maladie cruelle? Pourquoi enfin mêle-t-il dans une si large mesure les enseignements de la religion aux paroles éloquentes qu'il prononce dans des cérémonies d'un caractère profane, soit à l'inauguration de vos Ponts magnifiques (1) soit lors de l'érection de la Maison commune? (2) — Ah! c'est que la foi l'anime du désir de procurer la gloire de Dieu et de travailler au salut des âmes, de ces chères âmes rachetées du sang de Jésus-Christ et pour lesquelles un prêtre de foi donnerait sa vie comme on donne une goutte d'eau! Cette foi, hors de laquelle il n'y a pas de sagesse, puissiez-vous l'imiter : *quorum imitamini fidem.*

Mais, Mes Frères, ce qui avivera surtout vos souvenirs reconnaissants, c'est la *charité* de votre Pasteur, second trait saillant de son âme. — La foi est, on peut le dire, la vertu de l'esprit, et l'esprit de lui-même est froid. Il lui faut, pour l'échauffer, la charité qui est la vertu du cœur; cette flamme tombée du Cœur sacré de Jésus-Christ sur la terre et sans laquelle on n'est ni un vrai chrétien, ni surtout un vrai pasteur. M. Ouriou s'est-il montré à votre égard animé de cette charité? Mais ses travaux le prouvent mani-

---

(1) En 1846.
(2) 4 mars 1849.

festement, puisqu'il y portait le zèle, c'est-à-dire cette ardeur dont la charité est le foyer. — Il vous était attaché du fond du cœur; à une époque on lui offrit une des cures les plus importantes d'Angers; il refusa pour ne point briser les liens qui l'unissaient à Saint-Aubin (1). Vous le voyiez bien peu s'absenter du milieu de vous, et, dans ses rares voyages, on observait qu'il était triste, inquiet et que sa gaîté enfuie reparaissait à mesure qu'il se rapprochait de son église et de sa famille spirituelle. Identifié avec vous, il prenait part à toutes vos douleurs comme à toutes vos joies. Lorsque le fléau de l'inondation se déchaîna sur vous avec tant de violence, on le vit se multiplier pour porter des secours aux familles retenues prisonnières par les eaux et manquant de tout (2). Si au lieu d'étaler ses aumônes avec ostentation, il les cachait selon la recommandation de l'Evangile, elles n'étaient pas moins réelles; on le sait chaque jour davantage à mesure que, depuis sa mort, la reconnaissance soulève le voile qui les couvrait. Au lit des malades, alors surtout que le trépas jetait la désolation dans les familles, son cœur débordait d'affectueuse compassion et j'en sais qui, après vingt-cinq ans, redisent avec attendrissement les consolations qui de ses lèvres tombèrent comme une rosée sur des âmes d'orphelins. — Enfin, n'est-ce pas dans une occasion semblable que se formèrent entre lui et l'ami qui honore cette cérémonie de sa présence et de son deuil des liens qui n'ont fait que se fortifier? Oui, c'est auprès de la couche d'un père mourant que ces deux

(1) Celle de la Trinité.
(2) Juin 1856.

cœurs se rencontrèrent, se comprirent et de leurs larmes mêlées cimentèrent une amitié indestructible (1).

Tel fut le Pasteur que la mort vous a ravi, malgré les soins d'un neveu qu'il chérissait à bien des titres, mais surtout comme chrétien (2). Votre piété filiale, le dévouement de son vicaire qui le regardait comme un père, la bénédiction affectueuse de son Evêque ont du moins allégé ses souffrances. On a recueilli ces paroles : *Je suis tout entier soumis à Dieu ; puissé-je être prêt à mourir et à donner à tous mes paroissiens l'exemple d'une bonne mort.* Touchante, mais hélas ! dernière expression de sa foi et de sa charité pour vous, ces deux vertus qui avaient été l'âme de sa vie.

Et maintenant, Mes Frères, laissez-moi répéter avec une nouvelle force la recommandation de l'apôtre : *Souvenez-vous de votre Pasteur qui vous a annoncé la parole de Dieu ; considérez sa vie et sa mort afin d'imiter sa foi.*

Oui, souvenez-vous. — Ce souvenir vous portera à prier pour lui. *Ses œuvres l'ont suivi* (3), et elles auront plaidé en sa faveur au tribunal du souverain Juge ; mais, puisqu'il faut être pur des moindres souillures pour entrer au ciel, priez, et, dans cette église où vous l'avez vu si souvent au saint autel, et dans ce cimetière préparé par ses soins, sur

---

(1) M. Hamille père est mort aux Ponts-de-Cé.
(2) M. le docteur Vaslin.
(3) Apoc. xiv, 13.

la pierre de cette tombe où une épitaphe dictée par lui vous redira encore toute son affection.

Souvenez-vous. — Ce souvenir sera une préservation contre l'influence de tant de discours et d'écrits hostiles à la religion et au prêtre. Cette vie employée à bénir, à prêcher la paix, à faire le bien vous montrera clairement l'injustice de ces tristes attaques.

Souvenez-vous. — Ce souvenir animera votre foi, en vous rappelant tant d'exhortations *à chercher avant tout le Royaume de Dieu* (1) et les biens impérissables.

Souvenez-vous. — Gravée dans vos cœurs, l'image de votre Pasteur vous aiderait à bien vivre et à bien mourir, c'est-à-dire à mériter le bonheur infini et éternel. Ainsi soit-il !

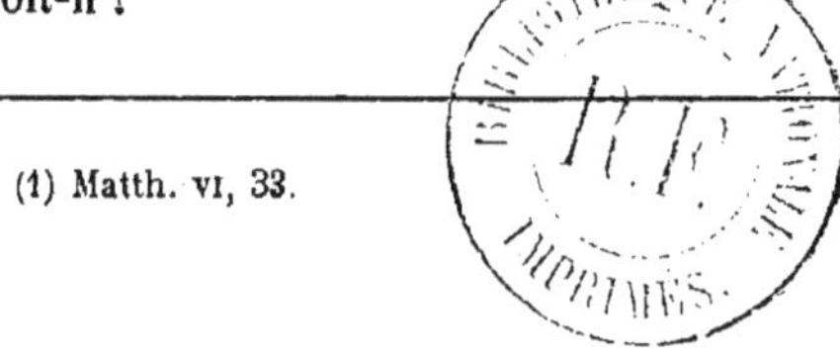

------

(1) Matth. vi, 33.

Angers, imp. E. Barassé. — Germain et G. Grassin, succ. — 767-78.